START/INSIGHT
STRATEGIC ANALYSTS AND
RESEARCH TEAM

in collaborazione con

Hybrid Warfare e Private Military Companies

Il caso della Wagner

MATTEO BRESSAN

Foto di copertina: DOMINIK SOSTMANN

COLLANA "InSight"

1ª edizione, aprile 2021

Impaginazione e servizi editoriali:
START InSight Sagl editore, Lugano (Svizzera)

ISBN 9788832294057

www.startinsight.eu
info@startinsight.eu

Matteo Bressan

Hybrid warfare e Private Military Companies

Il caso della Wagner

INDICE

Matteo BRESSAN

Docente di Relazioni Internazionali e Studi Strategici presso la LUMSA e la Link Campus University è coordinatore didattico e docente presso la Società Italiana per l'Organizzazione Internazionale (SIOI) dei corsi sul terrorismo e le guerre irregolari. È *emerging challenges analyst* presso il NATO Defense College Foundation ed è Direttore dell'Osservatorio per la Stabilità e la Sicurezza del Mediterraneo Allargato (OSSMED) presso la LUMSA. È componente del direttivo dell'Osservatorio sul Radicalismo e il Contrasto al Terrorismo (ReaCT).

Laureato in Lettere, indirizzo Storia Medievale, Moderna e Contemporanea ha conseguito il Master in Studi Internazionali Strategico Militari presso il Centro Alti Studi per la Difesa (CASD). È PhD candidate in Storia, Beni culturali e Studi internazionali presso l'Università degli Studi di Cagliari.

È impegnato in attività di ricerca e analisi dell'area de Maghreb, dei Balcani occidentali, del Mashreq e dell'Iran. Ha svolto anche attività di ricerca sull'evoluzione della NATO, la Belt and Road Initiative e la sicurezza marittima. In tale veste è stato chiamato a relazionare presso la Scuola Ufficiali dei Carabinieri, il Centro Interforze di Formazione Intelligence CIFI/GE e la Commissione Affari Esteri e Comunitari della Camera dei Deputati.

Ha svolto attività di ricerca presso il Centro Militare di Studi Strategici (Ce.Mi.S.S.) del Ministero della Difesa.

Opinionista in diversi programmi radiotelevisivi è autore 60 monografie, saggi e articoli scientifici tra cui *"Hezbollah – Tra integrazione politica e lotta armata"* (Datanews), *"Siria – Il perché di una guerra"* (Salerno Editrice), *"I Balcani occidentali al bivio"* (Stato Maggiore Difesa), *"Italia – NATO 1949 2019"* (Stato Maggiore Difesa)

Introduzione

Il ricorso alla guerra ibrida, intesa come nuova tipologia di condotta delle operazioni militari, ha registrato a partire dalla crisi in Ucraina del 2014, una sempre maggiore diffusione. Sebbene questa tipologia di guerra sia associata al ruolo svolto da Mosca nelle crisi in Ucraina, Siria e Libia, anche la condotta sul campo di battaglia di attori non statuali quali lo Stato Islamico rientra in questa tipologia di conflitto.

La comprensione dell'estensione del livello della guerra dall'uso di mezzi convenzionali, fino agli strumenti non convenzionali, quali le *infowar* e l'impiego delle Private Military Company (PMCs), è oggi quanto più urgente alla luce delle molteplici crisi che Europa e Stati Uniti sono chiamati a fronteggiare. All'interno delle guerre ibride condotte dalla Russia, un ruolo centrale è svolto dalle Private Military Company (PMCs), soggetti non statuali che ormai dalla fine della Guerra fredda hanno trovato un sempre maggior impiego anche in Occidente, da parte di Stati Uniti, Regno Unito, Francia e Israele.

Il caso russo, tuttavia, ed in particolar modo la Wagner, presentano caratteristiche molto diverse dalle PMCs occidentali e, sulla base del loro utilizzo nelle aree di crisi quali Mar Nero, Medio Oriente e Africa, si caratterizzano come un moltiplicatore dell'influenza geopolitica della Russia.

La non chiara riconducibilità delle loro azioni al Cremlino, consente alla Russia di potersi inserire in quei contesti dove gli interessi statunitensi risultano essere limitati, ponendo sfide sempre più complesse sia alla NATO che all'Unione Europea.

PARTE PRIMA

La Hybrid Warfare

Sin dall'inizio del conflitto in Ucraina nel 2014, una nuova parola d'ordine ha dominato il dibatto internazionale in materia di sicurezza: *hybrid warfare*. Le azioni militari russe nella crisi in Ucraina riflettevano un approccio sofisticato, complesso e multiforme dell'uso della forza per raggiungere obiettivi politici decisivi. Gli strateghi e i pianificatori militari russi hanno preso gli elementi classici del pensiero militare sovietico e russo, li hanno combinati con strumenti, tattiche e capacità del 21° secolo e hanno creato nuovi modelli per l'azione militare adattati alla situazione strategica della Russia.

Questi metodi sfruttano mezzi non direttamente attribuibili alle responsabilità statuali come cyber, guerra dell'informazione (psy – ops e infowar), sorpresa, inganno, uso estensivo di forze speciali e proxy. Preservando il potere di negare la propria ingerenza in affari extra – nazionali, il coinvolgimento formale nell'attacco di un altro paese diventa molto difficile da provare. Coloro che attaccano si confondono deliberatamente con la popolazione civile locale, limitando in tal modo la possibilità del paese attaccato di ricorrere alla forza per combatterli.

Anche sotto il profilo non convenzionale, abbiamo assistito all'uso di sabotaggi politici, pressioni economiche, operazioni di intelligence e operazioni speciali. Allo stesso tempo, abbiamo osservato l'atteggiamento delle forze convenzionali predisposte per un'ampia gamma di opzioni per il loro possibile impiego nel conflitto. Questo continuum di minacce, inclusi metodi non convenzionali e convenzionali, è ciò che ora chiamiamo comunemente guerra ibrida.

Tuttavia, definire la guerra ibrida è più complesso di quanto possa sembrare. Il termine stesso ibrido si riferisce a qualcosa di eterogeneo in origine o composizione di qualcosa che ha "due diversi tipi di componenti che svolgono la stessa funzione". Il concetto di guerra ibrida risale ai primi anni 2000 ed è stato reso popolare dal ricercatore dell'Institute for National Strategic Studies, Frank G. Hoffman, in una serie di articoli e libri.

Hoffman definisce una minaccia ibrida come qualsiasi avversario che utilizza simultaneamente e in modo adattivo una miscela fusa di armi convenzionali, tattiche irregolari, terrorismo e comportamenti criminali in uno spazio di battaglia per ottenere i propri obiettivi politici. Il termine guerra ibrida rimanda con immediatezza alla Russia ed è stato utilizzato dall'ex Colonnello dei Marines William J. Nemeth per descrivere l'insurrezione cecena che ha visto la fusione delle tecniche di guerriglia con le moderne tattiche militari, ricorrendo ampiamente al supporto della tecnologia civile (telefonia mobile e internet)[1].

Nonostante questa definizione, il termine guerra ibrida viene utilizzato in modo arbitrario e senza alcuna chiara concettualizzazione. Nell'uso corrente, il termine di solito implica un offuscamento della distinzione tra militare e civile. Di conseguenza, quando si discute di guerra ibrida, la maggior parte degli analisti si riferisce principalmente a un mix di strumenti diversi su un ampio spettro quali, l'uso della forza militare, la tecnologia, la criminalità, il terrorismo, la pressione economica, mezzi umanitari e religiosi, l'intelligence, il sabotaggio e la disinformazione.

Tutte le tradizionali forme di guerra irregolare si fondono su una combinazione di capacità dirompenti e sono invariabilmente eseguite di concerto come parte di una strategia flessibile che può assumere la forma di un'invasione invisibile. Il secondo elemento principale del concetto di guerra ibrida si riferisce al tipo di attori o parti in guerra.

Sembra esserci un'intesa comune sul fatto che la guerra ibrida coinvolge il più delle volte attori non statali come milizie, gruppi criminali transnazionali o reti terroristiche. Questi attori non statuali sono in molti casi sostenuti da alcuni stati in una sorta di relazione sponsor/cliente o proxy.

In altri casi, gli Stati possono anche adottare intenzionalmente condotte ibride quando vogliono offuscare i confini tra operazioni segrete e palesi. Di particolare interesse in questo contesto sono le forze irregolari in uniforme prive di insegne identificative nazionali. Questi attori irregolari, attori ibridi

---

[1] Cristadoro N., *La dottrina Gerasimov e la filosofia della guerra non convenzionale nella strategia russa contemporanea*, Libellula 2018

o forme di tecno-guerriglia, spesso possiedono hardware e tecnologia solitamente riservati alle forze armate degli stati, consentendo loro di resistere ad assalti militare su vasta scala. Un altro aspetto caratterizzante il campo di battaglia delle guerre ibride è che esse non sono limitate allo spazio fisico.

Gli attori ibridi colgono ogni opportunità per utilizzare strumenti mediatici sia tradizionali che moderni in modo da sviluppare nuove narrazioni basate sui loro interessi, mezzi e obiettivi.L'intenzione principale nella strategia per la sovversione politica è isolare e indebolire un avversario, erodendo la sua legittimità in molteplici campi.

Con questo modello la guerra si svolge in una varietà di ambienti operativi, ha effetti sincroni su più campi di battaglia ed è caratterizzata da tattiche e tecniche asimmetriche. rispetto alle tre dimensioni della discussione sulla guerra ibrida, la seguente definizione - molto generica - sembra plausibile: il termine "guerra ibrida" descrive una forma di conflitto violento che coinvolge simultaneamente attori statali e non statali, con l'uso di convenzionali e mezzi di guerra non convenzionali che non sono limitati al campo di battaglia o a un particolare territorio fisico.

In assenza di una definizione ufficiale e condivisa di guerra ibrida, si può concordare sul fatto che la parola chiave è la natura ibrida: la vera combinazione e fusione di vari mezzi di conflitto, sia regolari che non convenzionali, che domina il campo di battaglia fisico e psicologico con infowar e controllo dei media, utilizzando ogni mezzo possibile per ridurre la propria esposizione. Ciò può includere la necessità di dispiegare una forte potenza militare, con l'obiettivo di spezzare la volontà di un avversario ed eliminare il sostegno della popolazione alle sue legittime autorità.

Guerre ibride possono essere condotte da stati e da una varietà di attori non statali (con o senza supporto statale). Il modo in cui la Russia ha condotto la sua guerra in Crimea e nell'Ucraina orientale, rispetto al modo in cui lo Stato Islamico ha condotto la sua campagna in Iraq e Siria, rappresentano due tipi di condotta ibrida della guerra.

Nell'affrontare il caso russo, l'allora Comandate NATO per l'Europa, generale Philip Breedlove, sottolineava che "*quello che vediamo in Russia ora in questo approccio ibrido alla guerra, è usare tutti gli strumenti per suscitare problemi che possono essere sfruttati attraverso il loro strumento militare*".

Ciò che caratterizza l'approccio ibrido è il fatto che tutti i mezzi a disposizione di un attore statale o non statale - comunicazioni irregolari, convenzionali, cyber, nucleari, comunicazione strategica e persino i trucchi più ambigui e sporchi - vengono combinati per ottenere un obbiettivo[2].

Una delle sfide chiave nell'affrontare la guerra ibrida è, in primo luogo, identificare attività non convenzionali e sovversive all'interno di una nazione dell'Alleanza e quindi attribuire con successo questa attività a un gruppo o stato. La preparazione e la prontezza nazionale a questo tipo di minaccia, nelle sue fasi iniziali, sono fondamentali.

La guerra ibrida rappresenta una sfida emergente contemporaneamente da Est al Fianco Sud dell'Alleanza Atlantica e comprende vari e differenti attori.

Sul versante convenzionale, abbiamo assistito alla distribuzione di armi pesanti in numero estremamente elevato, alla presenza di forze russe lungo i confini dell'Ucraina per fare pressione e, come accaduto nell'agosto 2014, l'impegno delle forze armate russe direttamente in Ucraina in battaglia.

Nonostante il relativo e recente clamore su questo argomento, l'idea di utilizzare mezzi e attori non convenzionali nel campo di battaglia non è tuttavia un fatto nuovo.

Al riguardo, nel 2015, il Segretario Generale della NATO, Jens Stoltenberg, evidenziava come il primo metodo di guerra ibrida che conosciamo fosse il Cavallo di Troia. Quello che non si era mai visto prima nel modo di combattere è la scala di utilizzo e sfruttamento di vecchi strumenti in modi d'azione totalmente nuovi.

---

[2] G. Lasconjarias and J. A. Larsen, *NATO's response to hybrid threats,* NATO Defense College, 2015

La dottrina Gerasimov

Dalla prospettiva di Mosca, gli Stati Uniti avrebbero condotto sin dalla fine delle Guerra fredda una forma di guerra ibrida contro la Russia. Secondo questa visione, gli Stati Uniti insieme alla NATO starebbero cercando di preservare il sistema unipolare con ogni strumento necessario, attraverso guerre ibride (concepite al Pentagono), globalizzazione e "rivoluzioni colorate".

È in questo contesto che l'allora Capo di Stato Maggiore della Difesa russo, Valerij Gerasimov, espose nel 2013 una nuova dottrina militare che reca in sé le premesse di quanto di lì a poco accadrà negli ex territori sovietici, Crimea e Donbass, ma che si estenderanno ben oltre l'Europa e la Siria. In un saggio pubblicato nel 2013, intitolato "Il valore della scienza nella previsione", Gerasimov afferma che le regole della guerra sono cambiate: "*Nel ventunesimo secolo abbiamo assistito ad una tendenza diretta alla sfumatura delle linee di demarcazione tra lo stato di guerra e di pace. Le guerre non si dichiarano più e, una volta iniziate, procedono secondo modelli che ci sono pochi familiari.*

L'esperienza di conflitti militari (inclusi quelli correlati alle cosiddette rivoluzioni colorate in Nord Africa e Medio Oriente) conferma che uno stato del tutto fiorente può, nel giro di mesi o addirittura di giorni, essere trasformato nell'arena di un terribile conflitto armato, diventare vittima di un intervento straniero e precipitare in una spirale di caos, catastrofe umanitaria e guerra civile...Le stesse "regole della guerra" sono cambiate.

Il ruolo dei mezzi non militari per conseguire fini politici e strategici è cresciuto e, in molti casi ha superato in efficacia la potenza della forza delle armi. La chiave dei metodi pratici di conflitto è mutata in direzione di un vasto utilizzo di misure politiche, economiche, mediatiche, umanitarie e di altre non appartenenti all'ambito militare, poste in atto in considerazione con il potenziale malcontento popolare. Tutto questo è realizzato con mezzi militari a carattere occulto, inclusa la realizzazione di azioni di guerra delle informazioni e le azioni delle forze speciali.

L'uso manifesto della forza (per la maggior parte sotto le mentite spoglie del peacekeeping e della gestione delle crisi) è riservato solo ad una certa fase, principalmente per il conseguimento del successo finale nel conflitto...

La differenza fra livelli strategico, operativo e tattico, così come fra operazioni offensive e difensive, viene progressivamente erosa...

Nel novero di queste azioni deve contarsi l'uso di forze per operazioni speciali e di opposizioni interne per creare un fronte operativo permanente nell'intera estensione del territorio del paese nemico, così come azioni mediatiche: strumenti e mezzi che sono tutti in corso di costante perfezionamento"[3].

È ancora Valerij Gerasimov nel 2016, ad accomunare le Primavere Arabe, la Rivoluzione di Euromaidan in Ucraina, le crisi in Libia, Bielorussia e Venezuela come esempi delle capacità statunitensi e dei loro alleati occidentali di imporre cambi di regimi legittimi attraverso la guerra dell'informazione (infowar) piuttosto che con l'uso di forze convenzionali[4]. Il Generale Gerasimov, chiamato da Putin a fornire un contributo allo sviluppo delle teorie militari sull'arte della guerra contemporanea, parla di guerre nuove che superano il modello asimmetrico e prevedono di attaccare l'avversario sul piano economico, cognitivo e fisico, facendo largo ricorso a procedure non convenzionali.

Alle tradizionali unità di manovra e di supporto logistico viene quindi preferito l'impiego di piccole unità estremamente mobili, rapide nell'azione e magari prive di insegne e distintivi che possano ricondurre alla loro apparenza e nazionalità. Accanto a queste unità, in molti casi Forze Speciali, agiscono gruppi paramilitari locali, mercenari, gruppi di civili leali all'una od all'altra parte in causa su base etnica e, non ultime, le organizzazioni criminali interessate a lucrare sui traffici legati al conflitto.

In tale quadro, un ruolo centrale è svolto dagli hackers e i signori della cyberwar che con la loro capacità e gli strumenti sempre più sofisticati di cui

[3] Cristadoro N., *La dottrina Gerasimov e la filosofia della guerra non convenzionale nella strategia russa contemporanea*, Libellula 2018, pp.48-49

[4] Clark M., *Russian hybrid warfare,* Institute for the study of war, September 2020 pp.16-17

dispongono rappresentano l'avanzata della infowar. Appartiene a loro la capacità di colpire i centri nevralgici dell'economica, della società, della politica di uno Stato, attraverso la compromissione o la neutralizzazione delle reti informatiche.

In definitiva, la visione di Gerasimov dell'ambiente operativo del futuro prefigura un ridotto sviluppo di conflitti su larga scala, l'incremento di sistemi di comando e controllo informatizzati, lo sviluppo della robotica ad uso bellico, l'impiego di armamenti di alta precisione.

Egli attribuisce anche grande importanza alla cooperazione tra le diverse agenzie coinvolte nei conflitti, con un incremento delle operazioni nei centri abitati ed una crescente fusione tra le attività offensive e quelle difensive[5].

Sulla base di questi presupposti il Cremlino ritiene di dover migliorare le proprie capacità di condurre una guerra ibrida per rispondere alla guerra ibrida americana in corso contro la Russia.

I teorici russi sostengono inoltre che le guerre ibride, guidate dall'Occidente, domineranno il futuro della guerra del 21° secolo e che il Cremlino dovrà adattarsi per condurre al meglio questo tipo di guerra.

Il Cremlino ritiene di trovarsi a contrastare uno scontro con l'Occidente per dominare il mondo e, per questo, per adattarsi a questa lotta sta plasmando lo sviluppo militare russo.

Secondo l'analista Alexandr Bartosh, la differenza essenziale tra guerra ibrida e guerra convenzionale è che le forze armate non sono un prerequisito per la vittoria nella guerra ibrida.

Per questo motivo, la Russia crede di dover adattarsi a vincere questa lotta, plasmando profondamente lo sviluppo militare russo e le possibili valutazioni delle guerre future. Le guerre ibride russe includono l'uso di significative forze convenzionali e scontri. L'esercito russo definisce una "guerra ibrida" come uno sforzo a livello strategico per influenzare e modellare la governance e l'orientamento geostrategico di uno stato in cui

[5] Cristadoro N., *La dottrina Gerasimov e la filosofia della guerra non convenzionale nella strategia russa contemporanea*, Libellula 2018, p.66

tutte le azioni, compreso l'uso di forze militari convenzionali, sono subordinate a una campagna informativa.
Per i russi la guerra ibrida è un tipo di guerra, piuttosto che un insieme di mezzi per condurre la politica statale.
Dal punto di vista delle Forze Armate Russe, la guerra ibrida è una tipologia di guerra in cui tutti gli sforzi sono subordinati a delle campagne di infowar
La concezione russa della guerra ibrida è molto più ampia e copre l'intero "spazio della competizione", comprendendo mezzi sovversivi, economici, informativi e diplomatici, nonché l'uso di forze militari che operano al di sopra della soglia della cosiddetta "gray zone".
Il Cremlino considera i conflitti in Bielorussia, Ucraina, Siria, Libia e Venezuela come guerre ibride. Le forze armate russe considerano apertamente questi diversi conflitti in corso come guerre ibride. Il Cremlino sta attivamente perfezionando e utilizzando la sua teoria della guerra ibrida in Europa e nel mondo, attraverso l'utilizzo di una miscela di mezzi e strumenti, comprese le forze militari convenzionali.

Gli aerei dell'aeronautica russa in Siria costituiscono il mezzo più importante per incidere sulle sorti del conflitto, sebbene abbia anche dispiegato truppe della polizia militare dell'esercito russo e delle forze speciali (SPETSNAZ).

Gli sforzi della guerra ibrida russa in Bielorussia includono l'invio di tre battaglioni tattici dalle divisioni delle forze aviotrasportate russe per esercitarsi lì, insieme a bombardieri con capacità nucleare Tupolev (Tu-160).

L'impegno della Russia in Libia, al contrario, è avvenuto principalmente attraverso le sue compagnie militari private (PMC), che operano anche in Siria.

Il Cremlino calibra il tipo di forze da impiegare nei conflitti ibridi in base alla sua valutazione delle esigenze di quel conflitto e non esita a inviare e ad utilizzare unità delle sue forze militari convenzionali solo perché ha definito la tipologia di guerra come ibrida.

La Russia vede le guerre ibride come la tipologia di conflitti prevalenti nel futuro, piuttosto che come un fenomeno temporaneo.

Considerando le tipologie dei conflitti del 21° secolo sempre più improbabili alla luce degli sviluppi tecnologici del bilanciamento strategico, Mosca ritiene di dover affinare e ottimizzare la sua dottrina nel campo delle guerre ibride in quanto più pratiche ed efficaci rispetto ai conflitti tradizionali.

Le forze armate russe non stanno facendo mistero di voler implementare la dottrina d'impiego finalizzata alla conduzione di guerre ibride offensive.

I principali ambiti in cui Mosca sta rafforzando la sua dottrina della guerra ibrida sono i seguenti:

- centralizzare il processo decisionale degli organismi civili, militari, economici e di comunicazione, come in parte avviato nel 2014 con il National Defense Control Center (NDCC);
- adattare le dottrine russe alla conduzione di guerre ibride come compito principale;
- condurre campagne di informazione (infowar e psy – ops) per accrescere il sentimento patriottico, elemento essenziale della guerra ibrida;
- adottare la capacità delle campagne d'influenza russa per condurre guerre ibride nei prossimi anni;
- migliorare la capacità di dispiegamento all'estero delle forze armate russe a sostegno di guerre ibride;
- migliorare la capacità d'impiego delle PMC e di altre forze considerabili quali proxy;
- subordinare le operazioni cinetiche alle operazioni di influenza.

Secondo alcuni esperti, la "dottrina Gerasimov", così come l'adattamento della dottrina russa, sarebbe scaturita da una necessità correlata alla vulnerabilità delle Russia, piuttosto che alla propria forza.

La principale preoccupazione per la sicurezza di Mosca, è fermare l'allargamento della NATO e limitare l'influenza occidentale intorno ai confini della Russia.

Il Cremlino resta infatti altamente sensibile alla perdita del controllo, o almeno del potere di veto, sulle politiche di sicurezza dei suoi vicini.

La risposta degli Stati Uniti alla guerra ibrida

È difficile per una cultura quale quella Occidentale che si basa su principi di trasparenza e democrazia e che ripudia aprioristicamente la guerra di aggressione nei propri dettati costituzionali, concepire un simile approccio alle operazioni belliche. Soprattutto è difficile vincere contro avversari che alla base delle proprie tattiche pongono una tale tipologia di principi dottrinali. A fronte di questa forma di guerra intrapresa dal Cremlino, secondo l'Institute for the study of war, gli Stati Uniti dovrebbero rivedere la loro strategia di contenimento della Russia e riesaminare gli strumenti e le risorse necessarie per meglio comprendere il concetto russo di guerra ibrida.

Di fronte alla combinazione di mezzi militari e non, adottati dalla Russia, gli Stati Uniti dovrebbero essere consapevoli che la deterrenza, basata su strumenti convenzionali e nucleari potrebbe non esser sufficiente a preservare gli interessi americani. Gli Stati Uniti dovrebbero concentrarsi su una più ampia comprensione del concetto di guerra ibrida, intesa come tipologia di guerra, intrapresa dalla Russia e non soffermarsi sui mezzi impiegati. In questa ottica Washington dovrebbe contrastare a livello globale e simultaneamente tutte le guerre ibride condotte da Mosca, dall'Europa alla Siria, Libia, Venezuela, senza distogliere l'attenzione dall'Ucraina, Bielorussia e i Paesi baltici. Gli Stati Uniti, insieme ai loro alleati, dovrebbero standardizzare le procedure NATO per stabilire una linea rossa oltre la quale rispondere alle azioni russe.

Un altro terreno centrale della guerra ibrida russa è il campo delle informazioni, considerato un vero o proprio centro di gravità. Gli Stati Uniti difficilmente potranno vincere una guerra ibrida con la Russia se perderanno sul campo di battaglia della guerra dell'informazione (infowar). Nel campo dell'impiego delle PMCs gli Stati Uniti e i loro alleati dovranno compiere uno sforzo maggiore nel riconoscere la contiguità di queste forze con il Cremlino ed evidenziare come siano a tutti gli effetti uno strumento della politica russa per ridurre la libertà di azione degli avversari. Sebbene la Wagner operi in aree in cui gli Stati Uniti hanno pochi interessi diretti o sono in svantaggio rispetto alla Russia, Washington dovrebbe adottare nei confronti di questa tre linee d'indirizzo: stigmatizzare l'impiego della Wagner, intensificare le sanzioni alle compagnie di Prigozhin e condividere le informazioni con gli alleati per individuare con più prontezza il ruolo della Wagner nelle aree di crisi e adeguare così tempestivamente una risposta politica più incisiva.

Gli Stati Uniti possono limitare i mercati a disposizione della Wagner rendendola meno attraente per potenziali clienti. Una campagna di diplomazia pubblica e privata può essere utilizzata per informare i partner che la Wagner non è una PMC ma piuttosto un gruppo di mercenari fuori dall'ordinamento e dalle norme internazionali più elementari, non regolamentati e controllati dal Cremlino. Washington può indirizzare questa campagna in Africa, poiché è lì che Prigozhin è più attivo e lavora con organizzazioni multilaterali come l'Unione africana e partenariati bilaterali. Washington può stigmatizzare la non adesione della Russia al Documento di Montreux che ribadisce gli obblighi di diritto internazionale vigenti per gli Stati con riferimento alle attività delle società militari e delle società di sicurezza private (PMSC) e può metter in risalto i rischi, anche a livello di reputazione internazionale, cui può andare incontro uno Stato che decide di ingaggiare la Wagner.

Questo documento non fornisce una definizione internazionalmente riconosciuta di PMC, ma ne delinea la natura difensiva, incentrata sulla "guardia armata e protezione di persone e oggetti, come convogli, edifici e altri luoghi; manutenzione e funzionamento di sistemi d'arma; detenzione di prigionieri e consulenza o addestramento delle forze locali e del personale di sicurezza[6]. Le sfide rappresentate dalla guerra ibrida russa e i preparativi per il futuro della guerra non sono tuttavia insormontabili. L'Occidente non deve alzare le mani di fronte alla sfida posta da una concezione non familiare della guerra. Il Cremlino ha ottimizzato l'impiego della guerra ibrida per le

[6] Borshchevskaya A., *Russian Private Military Companies: continuity and evolution of the model*, Foreign Policy Research Institute 2019

sue aspettative circa il futuro delle operazioni militari ma l'Occidente deve comprendere appieno la minaccia russa per poterla affrontare con successo[7].

[7] Clark M., *Russian hybrid warfare*, Institute for the study of war, September 2020

PARTE SECONDA

La privatizzazione della guerra

La proliferazione degli attori non statuali nei conflitti armati contemporanei e nei contesti *post conflict* si è manifestata sempre di più dalla fine della Guerra Fredda ed ha scosso le fondamenta del diritto internazionale umanitario e delle stesse relazioni internazionali. Le principali teorie delle relazioni internazionali riconoscono, infatti, gli stati come gli unici soggetti autorizzati ad impiegare legalmente la forza all'interno dei loro confini, gli unici che si possono affrontare tra loro ricorrendo alla guerra come strumento di risoluzione delle controversie, nonché i soggetti titolati a stipulare e a far rispettare trattati internazionali.

Con la fine della contrapposizione bipolare si è affermata, anche alla luce del cambiamento del ruolo delle forze armate da strumento di difesa del territorio a dispositivo proiettabile, una maggiore privatizzazione delle funzioni di sicurezza insieme ad una commercializzazione della stessa. L'avvento e la diffusione massiccia delle *Private Military and Security Companies* (PMSC) si collocano con la fine delle Guerra Fredda, emergono con gli interventi americani nei primi anni '90 nei Balcani e raggiungono in Iraq, nell'era della *Global War on Terror* (GWOT), il dispiegamento di ben circa 170.000 contractors affiancati ai militari statunitensi schierati in teatro[8].

Sebbene questi attori siano sempre esistiti ai margini del sistema degli Stati, tanto che i mercenari ai tempi di Machiavelli e della Guerra dei Trent'anni erano un tratto costitutivo della realtà bellica, la loro attuale portata globale e transnazionale, abbinata alle capacità di comunicazione, li rende attori sempre più protagonisti nel panorama internazionale[9]. I tratti che contraddistinguono le PMSC sono: il fornire servizi di sicurezza o collegati alla sfera militare e l'essere organizzati in forma aziendale a scopo di lucro. Dalla strutturazione in forma aziendale discende il fatto che le PMSC sono persone giuridiche, non fisiche.

---

[8] Foradori P. Giacomello G., *Sicurezza globale – Le nuove minacce,* il Mulino 2014, pp. 190-191

[9] Grieco J, Ikenberry G. J., Mastanduno M. a cura di Parsi V.E., *Introduzione alle relazioni internazionali – Domande fondamentali e prospettive contemporanee*, UTET Università, 2017 p.326

Per questo motivo possono facilmente modificare la loro identità, variando ragione sociale o cambiando nazionalità. Le PMSC tendono dunque a collocarsi laddove trovano il contesto produttivo più favorevole, tanto per ragioni di mercato quanto in relazione agli elementi di carattere giuridico e normativo. A contraddistinguere le PMSC dai mercenari sono in primo luogo le capacità di poter mobilitare anche migliaia di uomini, impiegare materiali costosi e differenziare l'offerta dei servizi.

Questi, infatti, non sono limitati alle attività armate quali la protezione del personale o alla conduzione di intere campagne militari, ma si estendono all'attività di consulenza e addestramento, alla manutenzione dei mezzi e materiali, al catering o ai servizi di lavanderia in area di conflitto, alla sorveglianza satellitare, all'intelligence e all'impiego di specialisti in interrogatori. A fronte della varietà di servizi offerti il politologo Peter Singer ha ordinato i servizi militari privati in base alla loro distanza dalla linea del fronte, elaborando un modello ribattezzato tip of the spear che prevede tre tipologie chiave di attività: prestazioni armate e di comando e controllo, addestramento e consulenza, supporto militare. A queste tipologie Deborah Avant ha aggiunto anche le attività di polizia e guardianato che vanno a completare la natura e il duplice agire delle PMSC sia nell'arena internazionale (militare) e interna (polizia e di sicurezza).

Questo pluralismo rende evidente la ragione per cui queste aziende sono definite al contempo come militari e di sicurezza. Nel 2013, il gruppo di lavoro delle Nazioni Unite sull'uso dei mercenari stimava che il settore delle PMSC avrebbe generato una dimensione complessiva del valore di 244 miliardi di dollari nel 2016, dato peraltro confermato in tendenziale aumento anche nel 2019 con circa 250/400 miliardi di dollari l'anno. Per avere la portata dell'impiego delle PMSC in Iraq dal 2002 al 2011 basti pensare che un singolo appaltatore ha avuto in mano tra i due terzi e il totale dell'offerta fornita al Dipartimento della Difesa per circa 46,5 miliardi di dollari per la logistica e il supporto, 2,7 miliardi per la fornitura di carburanti, e la manutenzione e riparazioni di veicoli per 2,4 miliardi.

Si tratta, come evidenziato da questi dati, di un settore in continua e crescente espansione che vede grandi società di sicurezza private principalmente americane, britanniche, ma anche francesi, israeliane, russe e sudafricane, costituite in massima parte da ex militari professionisti, affiancare le forze armate e di sicurezza governative internazionali e locali.

L'azione delle PMC al di fuori del diritto internazionale

La coesistenza di attori statali e non statuali nei conflitti moderni rappresenta una nuova "cultura della guerra" che le dottrine dell'*Humanitarian Space*[10] e contro – insurrezione hanno cercato di affrontare. L'espansione degli attori non statuali così come le forme di violenza diffusa rappresenta una sfida significativa per le fondamenta del diritto internazionale umanitario, il cui scopo è prevenire sofferenze inutili e mitigare le conseguenze dei conflitti armati. In diversi contesti i cosiddetti *non state armed groups* (NSAGs) violano deliberatamente il diritto internazionale umanitario come parte di operazioni di pulizia etnica. Inoltre, sebbene siano passati più di 20 anni dalla costituzione del Tribunale Penale Internazionale per i crimini della ex Jugoslavia, solo una piccola parte dei responsabili delle violazioni del diritto internazionale ha dovuto affrontare sanzioni penali. Sulla base di questa esperienza storica è stato messo in dubbio il valore deterrente di possibili e remote minacce rappresentate da corti internazionali e tribunali, così come emergerebbe la necessità di andare oltre il semplice inasprimento dei meccanismi sanzionatori dei componenti dei NSAGs, colpevoli di violazioni.

Allo stato attuale, la legislazione internazionale delle PMSC è carente e priva di norme specifiche di natura vincolante. Sebbene infatti la Convenzione Onu del 1989 contro il reclutamento, l'uso, il finanziamento e

---

[10] Definito come la libertà delle organizzazioni umanitarie non governative di valutare la necessità di fornire assistenza in modo indipendente e senza interferenze da parte di attori statali o donatori. Il concetto di *Humanitarian Space* è profondamente mutato con gli interventi in Afghanistan successivi all'11 settembre del 2001, in cui la distribuzione degli aiuti al pari delle politiche e progetti di sviluppo diventava strettamente interconnessa con obiettivi politici e strategici.

la formazione dei mercenari consideri il loro dispiegamento "una violazione delle leggi internazionali", nessuna legge internazionale vieta l'utilizzo di società private per scopi militari e di sicurezza quali guardie armate, scorta di convogli, manutenzione di armamenti, detenzione di prigionieri e formazione di eserciti.

Si tratta dunque di una situazione che potrebbe esser superata soltanto con l'introduzione di una regolamentazione ad hoc sull'uso dei mercenari. Il Diritto Internazionale Umanitario contempla le PMC, i loro dipendenti e il loro staff ma la loro condizione cambia in base al contesto e soprattutto in relazione al loro livello di partecipazione e tipologia di attività svolte nel determinato conflitto. La prima questione che si manifesta di fronte alla partecipazione delle PMC impiegate nei conflitti è se queste siano da considerare combattenti o civili. Se le PMC sono incorporate nelle forze armate in una delle parti del conflitto esse sono da ritenersi combattenti. Tuttavia, per essere considerate integrate all'interno di forze armate, le PMCs devono essere comandate da un responsabile, avere emblemi e distintivi riconoscibili a distanza, portare apertamente le armi, e condurre le loro operazioni in conformità con le leggi e gli usi di guerra. Se ad esempio il personale di una PMC fornisce supporto logistico e assistenziale ad una delle parti del conflitto allora, in base all'articolo 4 della Terza Convenzione di Ginevra, esso beneficerà dello stato giuridico di prigioniero nel caso in cui venissero catturati.

Diverso sarebbe invece il trattamento nel caso in cui il personale della PMC fosse aggregato a nessune delle parti in conflitto. In tal caso, tale personale resterebbe civile e non dovrebbe esser preso di mira da attacchi. Tale protezione tuttavia non verrà più applicata nel caso in cui il personale della PMC dovesse essere impegnato direttamente in ostilità; è da ritenersi come coinvolgimento in attività ostili anche la protezione di basi militari da attacchi, la raccolta d'informazioni e l'utilizzo di armi. In questo caso essi potranno esser attaccati e, se fatti prigionieri, potranno essere processati. Un altro elemento ricorrente sulla natura delle PMCs è la loro assimilazione ai mercenari.

Definiti e riconosciuti nel diritto internazionale dall'articolo 47 del I Protocollo Aggiuntivo della Convenzione di Ginevra, essi non beneficiano né dello status di combattente né di quello di prigioniero di guerra ma comunque spetta loro un equo processo. Inoltre, come già evidenziato, la possibilità delle PMSC di cambiare ragione sociale anche per ricostruirsi un'immagine rispetto a scandali, insuccessi e crimini, fornisce loro un elemento di resilienza, rendendoli soggetti destinati a restare presenti nelle questioni di sicurezza, attuali e future. L'azione dei NSAGs implica, inoltre, trasferimenti di armamenti e armi leggere tramite sofisticate reti criminali o attraverso appropriazioni di materiali provenienti da depositi statali scarsamente controllati.

Nonostante ciò, le cosiddette Private Military and Security Companies (PMSC) continuano ad esser sempre più presenti nei principali conflitti e nelle aree post-conflict a causa della continua richiesta da parte di clienti che sostengono di dipendere da loro, per le capacità di operare.

Vi sono inoltre diverse ragioni per cui la clientela impiega le PMSC. La prima motivazione è la necessità, in quanto nel momento in cui non ci sono opzioni alternative al loro impiego sono ritenute valide. Si va dal governo assediato nella propria capitale da forze ribelli all'impresa impegnata a difendere il proprio personale, i propri impianti o il proprio naviglio in aree in cui la sicurezza fornita dagli apparati pubblici è carente.

Sempre in virtù della necessità dei servizi offerti, le PMSC vengono ingaggiate da parte di attori illegali che reperiscono in questo modo le capacità di cui hanno bisogno. La seconda gamma di motivazioni per l'impiego delle PMSC è relativa ai benefici politici che possono essere riscossi tramite il loro impiego. Un governo può cercare di mantenere il consenso nei confronti di un'operazione militare tramite il ricorso alle PMSC: ciò riduce i livelli di mobilitazione richiesti, impiegando persona privato anziché pubblico e limita il numero di perdite in uniforme, spesso difficile da metabolizzare per l'opinione pubblica. Un altro vantaggio consiste nella cosiddetta plausible deniability: le PMSC consentono di mantenere un basso profilo ed eventualmente limitare la responsabilità del committente. Infine, a fronte di conflitti interni, etnici, insurrezioni e stati falliti, sono aumentati i rischi per l'azione delle stesse organizzazioni umanitarie, spesso bersaglio di gravi violenze. Nonostante le questioni di carattere giuridico, le PMSC godono di un capitale di legittimità sufficiente a farle ingaggiare non soltanto da privati e da stati, ma anche dalle stesse Nazioni Unite[11].

Tale necessità ha avuto come conseguenza che alcune organizzazioni umanitarie si siano rivolte a forme di protezione armata a scopo difensivo, compreso l'uso di contractors, mentre altre organizzazioni ritengano che tali pratiche minino l'imparzialità, la neutralità e l'indipendenza dell'aiuto umanitario[12].

Le PMC russe: uno strumento della guerra ibrida di Mosca

Sebbene le PMCs russe abbiano catturato l'attenzione dell'Occidente negli ultimi anni, l'impiego di forze semi-statuali non è nuovo nella storia della Russia e risale ai tempi dello Zar, con l'impiego dei Cosacchi.

Gli zar russi hanno usato le forze semi-statuali per pacificare i disordini interni e ai confini della Russia ma, nel 1919, i cosacchi divennero un bersaglio del terrore bolscevico e migliaia di loro furono assassinati nel processo di "de-cosacchizzazione". Coloro che riuscirono a sopravvivere perdettero il relativo grado di autonomia di cui avevano goduto sotto gli zar. Il Cremlino decise di reprimere l'identità cosacca come analogamente fatto con le altre minoranze.

Tuttavia l'Unione Sovietica ha continuato a fare ampio utilizzo su attori non statali nelle sue attività militari. La cosiddetta "Guardia volontaria del popolo" operò sia all'interno dell'URSS accanto alla polizia sovietica, sia all'estero in vari paesi in operazioni di guerriglia al servizio degli interessi di Mosca. Accanto a questa tipologia di miliziani l'URSS fece anche ricorso ai "volontari" da impiegare al fianco delle forze regolari contro governi

[11] Foradori P. Giacomello G., *Sicurezza globale – Le nuove minacce*, il Mulino 2014

[12] Perrin B., *Modern Warfare – Armed groups, private militaries, humanitarian organizations, and the law*, UBC Press 2012

stranieri. Le PMC emersero in Russia sin dal collasso dell'Unione Sovietica quando, in conseguenza della riduzione delle forze armate russe, diversi ex militari hanno trovato lavoro in queste aziende sia in patria che all'estero. Le Private Security Companies furono legittimate ad operare a livello interno, nel 1992, quando il Presidente Boris Yeltsin approvò la Legge Federale No. 2487.

Queste aziende, talvolta chiamate "distaccamenti di volontari" svolsero un ruolo essenziale nella protezione delle imprese, individui e oligarchi emergenti tra il 1990 ed il 2000. Un decennio profondamente incerto, sul piano dello Stato di Diritto, che caratterizzò la Russia post – sovietica. Sebbene prevalentemente concentrati sul territorio nazionale, le PSCs hanno iniziato ad agire come contractors all'estero. Migliaia di ex soldati sovietici, principalmente dalla Federazione Russa e dall'Ucraina, iniziarono la loro esperienza di contractors all'estero in Africa negli anni '90 e 2000, prevalentemente negli stati ex clienti dell'URSS, o in quei paesi soggetti a sanzioni e con scarse relazioni l'Occidente, quali l'Angola, il Ciad, la Repubblica Democratica del Congo, l'Etiopia, l'Eritrea e il Sudan. Un altro attore non statuale operante, in continuità con la tradizione dell'URSS, nella russa postsovietica sono i cosacchi che, con la legge introdotta da Putin nel 2005 relativa ai Servizi dei russi cosacchi del 2005, hanno visto ampliato il loro ruolo di forza paramilitare e di contro – insorgenza, come nel caso delle operazioni in Cecenia.

Sebbene utilizzati per attività di soft – power in paesi slavi come nella Repubblica Srpska, Bosnia – Herzegovina e Montenegro, hanno anche partecipato come forze ausiliari nei conflitti n Georgia nel 2008 e in Ucraina nel 2014.

Nella storia della Russia posta sovietica anche la categoria dei "volontari" ha svolto il ruolo di forza non statuale ausiliaria in particolare in Transnistria (1992), Abkhazia (1993) e in Jugoslavia, dove centinaia di volontari russi hanno supportato il governo serbo di Slobodan Milosevic sia nel 1992 che nel 1999 nella guerra in Kosovo. In tempi più recenti, nel 2014, circa 3.000 volontari affiancarono le forze separatiste in Ucraina. Il loro ruolo e la partecipazione al conflitto ucraino hanno lasciato irrisolti diversi interrogativi a partire dal coordinamento più o meno occulto che Mosca avrebbe nel coordinare queste attività e la loro reale e genuina spontaneità. A prescindere dalle reali motivazioni, il ruolo di questi mercenari, nazionalisti e anche avventurieri dalle dubbie capacità militari, hanno contribuito alla propaganda politica, dimostrando un presunto supporto popolare.

Con il miglioramento della stabilità politica russa, il settore della sicurezza privata è diventato più regolamentato a partire dall'inizio degli anni 2000. Durante questo periodo, i PSC sono stati legalizzati per l'uso all'estero e per essere utilizzati per proteggere le infrastrutture statali russe, svolgere missioni antipirateria, missioni di sminamento e fornire servizi di sicurezza in Iraq.

In quel periodo, la discussione tra gli analisti militari russi circa il ruolo delle PMCs era focalizzata su tre aspetti:

- la minaccia posta alla Russia dalle PMC americane e il loro presunto coinvolgimento nelle "rivoluzioni colorate" in Siria, Libia e ai confini della Russia;
- i possibili guadagni per la Russia se fosse più competitiva in questo mercato;
- l'uso delle PMC come mezzo per promuovere gli interessi nazionali russi.

Nel 2012 un ex ufficiale dell'intelligence russa, Aleksandr Kanchukov evidenziava come le PMC presentassero una serie di vantaggi operativi quali capacità operativa, responsabilità, efficacia, professionalità e innegabile vantaggio finanziario. Le PMC rappresentavano una valida alternativa alle forze armate regolari per garantire sicurezza in aree instabili, soluzioni rapide ai problemi e contenimento dei rischi. Secondo questa lettura, risulta essere molto più redditizio firmare un contratto con una società privata per operare la sicurezza di una compagnia petrolifera o del gas, piuttosto che inviare truppe e mantenere una guarnigione.

Inoltre, nei casi in cui lo Stato non volesse essere affiliato alla partecipazione delle PMC, o avesse intenzione di compiere "operazioni sporche" le PMC risulterebbero essere perfette a tali scopi. Queste considerazioni emersero anche a più alti livelli quando, nel 2012, il parlamentare Aleksei Mitrofanov chiese a Putin se, alla luce del volume di affari stimato per le PMCs americane pari a circa 350 miliardi di dollari, anche la Russia si sarebbe dovuta impegnare in questo settore. Putin in quell'occasione confermò l'interesse e la necessità di esaminare la questione ed evidenziò come le PMCs fossero uno strumento per il perseguimento di interessi nazionali senza il coinvolgimento diretto dello Stato.

Nonostante la Russia abbia in seguito tratto profitto da queste attività in Iraq, Afghanistan, Sri Lanka e altrove, gli sforzi di legalizzazione delle PMCs si sono bloccati.

A fronte di alcune PSCs che continuano a svolgere all'estero funzioni di sminamento, protezione del personale e servizi anti – pirateria, dal 2013, le PMC si sono concentrate nella promozione degli interessi russi attraverso alcune missioni ad alto rischio condotte dalla Moran Security Group e la Wagner[13]. Secondo l'analista del Washington Institute, Anna Borshchevskaya, l'utilizzo delle PMCs è, sotto la Presidente Putin, cresciuto in modo esponenziale rispetto ai tempi di Yeltsin. Sin dal conflitto ibrido in Ucraina del 2014 le PMC russe, ed in particolar modo la Wagner, hanno agito, nonostante la loro natura privatistica, come moltiplicatore di forza del Cremlino, estendendo la portata geopolitica e gli interessi di Mosca attraverso traffico di armi, consulenti politici, addestramento di personale militare e forze di sicurezza locali. Uno dei tanti motivi per cui la Russia utilizza tali gruppi è quello di minare la capacità dei suoi avversari di prendere decisioni chiare e rapide. In un'intervista per *The Inquiry* sulla BCC, il Docente di Scienze Politiche della Columbia Universit, Kimberly Marten ha evidenziato come le PMCs siano una componente della guerra

[13] *Russian Private Military Companies – Their use and how to consider them in operations, competition, and conflict,* Asymmetric Warfare Group, April 2020 pp. 11-12

dell'informazione (infowar), in cui l'obiettivo di Putin è confondere i suoi avversari e inibirli dal reagire a fronte della difficoltà ad inquadrarli.

La definizione delle PMCs russe è un tema dibattuto anche in relazione dalle differenti modalità d'impiego delle PMCs occidentali.

Secondo il ricercatore della Jamestown Foundation Sergey Sukhankin, si possono distinguere quattro categorie compagnie in russe, ciascuna delle quali fornisce specifici servizi:

- Compagnie di forniture militari che offrono ai loro clienti supporto tattico durante le operazioni militari (inclusa la partecipazione diretta alle ostilità);
- Società di consulenza militare che forniscono assistenza ai clienti su questioni relative alla pianificazione strategica e alla riforma delle forze militari. Esse possono anche addestrare personale militare e fornire indicazioni sull'impiego di nuovi tipi di armi
- Compagnie di supporto militare che forniscono funzioni ausiliari, ad esempio nell'ambito dell'intelligence;
- Società di sicurezza private [PSC], che si occupano della gestione delle crisi, valutazione del rischio, consulenza sulla sicurezza, sminamento o formazione delle forze dell'ordine locali.

In relazione alla impossibilità di reperire informazioni complete e accessibili da fonti aperte sulle PMCs russe, oltre che alla sovrapponibilità delle loro funzioni non sempre inquadrabili nelle rigide schematizzazioni sopra indicate, prenderemo in considerazione ai fini di quest'analisi le PMCs come le società gestite o composte prevalentemente da personale russo operanti, nella la maggior parte dei casi per conto di clienti (Federazione Russa, altri governi, o privati) che forniscono supporto tattico durante le operazioni militari (compreso il combattimento), l'addestramento del personale militare e altro servizi di supporto militare[14].

---

[14] *Russian Private Military Companies – Their use and how to consider them in operations, competition, and conflict,* Asymmetric Warfare Group, April 2020 p.4

Versatili e al tempo stesso economiche, le PMC sono lo strumento ideale per una superpotenza in declino ma desiderosa di perseguire la sua agenda internazionale senza esporsi ad eccessivi rischi. Esse possono essere impiegate sia per stabilizzare regimi amici in difficoltà, come accaduto in Siria, sia come forma di copertura per le attività delle forze speciali russe. Nelle fasi iniziali, non cinetiche, di conflitti a bassa intensità le PMC possono inoltre svolgere un ruolo di protezione per gli assets strategici di Mosca all'estero (Gazprom, Rosneft, Rosatom, Russian Railways, ecc.). Diversamente dalle PMCs occidentali (Academi, in precedenza Blackwater), raramente impiegate in operazioni offensive, le PMCs russe prevedono l'impiego di fanteria, fanteria meccanizzata, consiglieri militari, truppe corazzate e unità di artiglieria.

Esistono infine altri impieghi meno noti delle PMCs che prevendono la promozione del nazionalismo russo all'estero, Occidente compreso, la conduzione di corsi di addestramento tattico per civili e la vendita internazionale di armi. Le PMC russe non sono entità del tutto indipendenti gestite da manager professionisti chiaramente distanti dai governi, come avviene nel Regno Unito o negli Stati Uniti ma, piuttosto, vengono impiegate all'estero per condurre missioni, tra cui combattimenti ad alta intensità, per perseguire obiettivi in gran parte fissati da Mosca.

Fonti occidentali e russe spesso indicano la Wagner come una PMC, ma essa non rientra nelle definizioni ampiamente utilizzate nonostante svolga alcune funzioni simili alle PMCs. È difficile considerare la Wagner un'entità commerciale operante sul mercato e questo è dovuto alla segretezza che la circonda e alla sua origine funzionale a servire i bisogni di Putin[15]. A differenza di Wagner, ci sono aziende in Russia che possono essere chiamate PMC. La RSB-Group e la Moran Security Group, ad esempio, sono antecedenti alla Wagner e sono più paragonabili alle PMC occidentali. I fondatori di questi gruppi sono ex dipendenti delle forze armate russe e dei servizi di sicurezza.

[15] Reynolds N., *Putin's not-so-secret mercenaries: patronage, geopolitics, and the Wagner Group*, Carnegie, July 2019

Pur mantenendo rapporti con lo stato lavorano principalmente su un piano commerciale.

Quando si analizzano le PMC russe sorgono diversi problemi chiave. Uno è il problema della definizione.

Non esiste un unico termine riconosciuto a livello internazionale per descrive le PMC. La Convenzione internazionale del 2001 contro il reclutamento, l'uso, il finanziamento e l'addestramento dei mercenari fornisce una definizione del mercenario, ma i mercenari differiscono dalle PMC. I mercenari combattono solo per guadagni privati. Le PMC sono aziende che hanno interessi più ampi, relazioni con lo stato e capacità di costruire una base con clienti pubblici. Più precisamente, solo 35 paesi hanno ratificato la convenzione e né gli Stati Uniti né la Federazione Russa sono tra questi. In alcuni contesti le PMC russe ricadono sotto la catena di comando e controllo del Ministero della Difesa russo o delle agenzie d'intelligence FBS e GRU.

Elementi che andrebbero a corroborare questa ipotesi sono emersi dal possesso da parte della Wagner di materiale esclusivo in dotazione al GRU.

Le PMCs russe inoltre tendono a coordinarsi sul campo di battaglia con le forze del paese ospitante, come nel caso siriano in cui la Wagner ha operato con le forze regolari di Bashar al Assad ma anche con le varie milizie sciite quali l'afghana Liwa al – Fatimiyoun, le milizie sciite irachene, Liwa al – Baqir e gli Hezbollah libanesi.

La Wagner

La più nota PMC russa, la Wagner, è gestita da Yevgeniy Prigozhin, soprannominato lo "chef di Vladimir Putin"[16]. Capire la Wagner richiede un'analisi della figura di Prigozhin, la sua posizione all'interno del regime di Putin e come la ricerca del potere e del profitto guidano la sua gestione degli strumenti di politica estera del Cremlino. Prigozhin è il principale manager della Wagner, anche se nega qualsiasi associazione con essa.

[16] Carrer G., *Prigozhin, perché gli Usa affondano lo "chef" di Putin,* Formiche, 23/09/2020.

La sua biografia non lo rende un candidato naturale per dirigere i mercenari del Cremlino. Non ha un background proveniente dalle forze armate o dai servizi di sicurezza, né ha legami personali decennali con Putin, tratto distintivo della cerchia del Presidente. Dopo un periodo in prigione per rapina e frode nel tardo periodo sovietico, Prigozhin si affermò come gestore di ristoranti esclusivi a San Pietroburgo.

A metà degli anni 2000, dopo aver ospitato Putin nei suoi ristoranti, Prigozhin si insinuava nella cerchia del presidente, arrivando a gestire il catering del Cremlino, guadagnandosi così il soprannome di "chef di Putin".

Utilizzando la Wagner e la fabbrica di troll per sostenere le ambizioni nazionali e geopolitiche di Putin e dimostrare il suo valore personale Prigozhin può rafforzare la sua pretesa su preziose risorse statali e potere.

Più Prigozhin piace a Putin, più ottiene. Prigozhin utilizza i suoi legami con il Cremlino per trarre profitto dalle risorse naturali nelle aree in cui opera Wagner. Ciò è iniziato in Siria nel 2016-2017, quando il regime di Bashar al-Assad ha accettato di pagare i servizi di una società di copertura Wagner controllata da Prigozhin.

L'accordo prevedeva che la società di Prigozhin's beneficiasse di un quarto dei profitti dei giacimenti di petrolio e gas di cui si impadroniva per conto del regime di Assad. Quando la Wagner è stata successivamente schiarata in Sudan e nella Repubblica Centrafricana (CAR), il governo russo ha contribuito a stipulare accordi per i diritti sui potenziali depositi di diamanti e d'oro da sfruttare da parte delle società collegate a Prigozhin.

Questi accordi hanno un impatto irrilevante nell'economia russa ma sono da intendersi come una ricompensa per Prigozhin, aiutandolo a finanziare e a trarre profitto dalla Wagner in cambio dell'supporto alle ambizioni di politica estera del Cremlino. Sebbene vi siano state delle tensioni tra la Wagner e il Ministero della Difesa russo soprattutto in Siria, la Wagner continuerebbe ad addestrarsi all'interno di strutture del GRU. La Wagner non può esistere senza la benedizione di Putin, e probabilmente Prigozhin ne ha bisogno per l'approvazione del Cremlino per le decisioni a livello strategico e su come dove e quando viene schierata la Wagner.

Fondata forse da un ex componente del GRU, Dmitry Utkin, la Wagner dopo aver svolto un ruolo decisivo nel conflitto in Crimea nel marzo del 2014, ha partecipato all'insurrezione nelle regioni di Donetsk e Luhansk. Prigozhin, sotto sanzioni da parte del dipartimento del Tesoro americano, è stato incriminato dal consigliere speciale americano Robert Mueller per la sua gestione dell'Internet Research Agency, una fabbrica di troll usati per le campagne di disinformazione dietro le interferenze russe nelle presidenziali del 2016. Secondo un dossier pubblicato dal Center for Strategic and International Studies (CSIS), la Wagner, prima di esser impiegata all'estero, condurrebbe attività addestrativa con il supporto di agenzie militari e intelligence russe presso due campi situati nei pressi della 10a brigata Spetsnaz per le Missioni Speciali con sede a Mol'kino nella regione di Krasnodar[17].

Mentre gli Stati Uniti hanno parzialmente ritirato le loro forze militari da alcune regioni dell'Africa, del Medio Oriente e dell'Asia meridionale, la Russia ha esteso la propria influenza in queste e in altre aree. Tuttavia, invece di schierare forze russe convenzionali, Mosca si è rivolta a forze speciali, unità di intelligence e compagnie militari private (PMC) come il Gruppo Wagner per perseguire i suoi interessi.

La strategia della Russia appare semplice: minare l'influenza degli Stati Uniti a vantaggio di quella di Mosca usando forze di basso profilo come le PMC che possono svolgere molteplici compiti, dal fornire sicurezza ai leader stranieri all'addestramento, alla consulenza e all'assistenza alle forze di sicurezza. La mancanza di uno status giuridico delle PMC, peraltro non riconosciute dalla costituzione russa, è una delle caratteristiche più convenienti per perpetrare forme di guerra ibrida ben riscontrabili nella cosiddetta Dottrina Gerasimov. Tecnicamente le PMCs sono fuorilegge secondo l'art.359 del Codice Penale della Federazione russa.

L'opacità, se non addirittura la zona grigia, entro la quale operano le PMC consente alla Russia di prendere le distanze da azioni e crimini che

[17] Katz B., Jones S. G., Doxsee C., Harrington N., *The Expansion of Russian Private Military Companies*, Center for Strategic and International Studies, September 2020.

causerebbero imbarazzo, violerebbero le leggi internazionali, gli impegni politici, fino a causare incidenti diplomatici se non veri e propri conflitti, nel caso in cui venissero ricondotte alle responsabilità di Mosca[18]. Gli analisti dicono che, poiché il governo russo non riconosce ufficialmente l'esistenza dei mercenari, può negare o smentire qualsiasi vittima russa sul campo, mantenendo così una presenza militare di basso profilo. Conseguentemente le PMCs garantiscono immunità dalle norme del diritto internazionale. Questa argomentazione ha favorito la negazione, da parte del Cremlino, di un suo coinvolgimento con le PMCs in Siria.

Inoltre, l'uso di soldati privati al posto delle forze armate russe per operazioni su piccola scala all'estero offre diversi vantaggi: il governo può usare la forza senza rischiare vittime tra forze militari regolari, il che può essere politicamente costoso[19]. Per questi motivi il ricorso allo strumento delle PMC da parte di Mosca si è diffuso sempre più negli ultimi anni, evidenziando le lezioni apprese dalle precedenti esperienze, una crescente volontà espansionista unita al desiderio di conseguire vantaggi in termini economici, geopolitici e militari.

La Wagner, forte dei successi in Ucraina e Siria, è oggi considerata la più importante PMC russa e si è diffusa nei paesi africani (Libia, Sudan, Repubblica Centrafricana, Madagascar, Mozambico) tra il 2017 ed il 2019 e in America latina (Venezuela) dal 2017. Secondo Samuel Ramani del Royal United Services Institute (RUSI), la Russia starebbe consolidando ed esportando in Africa un modello di contro – insurrezione sperimentato in Siria in cui la stabilità autoritaria viene presentata come la soluzione più efficace a contrastare l'estremismo. Complessivamente, secondo un'analisi di Chiara Lovotti e Arturo Varvelli per Limes, la Russia ha registrato rilevanti successi in Medio Oriente e nel Nord Africa tanto da renderla un partner sempre più credibile e finanche un mediatore affidabile.

---

[18] Stronski P., *Implausible Deniability: Russia's Private Military Companies*, Carnegie Endowment for International Peace, 2 giugno 2020.
[19] *Russia's use of its private military companies,* International Institute for Strategic Studies (IISS), dicembre 2020.

Proprio dall'esperienza siriana, secondo la BBC, sarebbe emerso che gli ufficiali presenti in Siria che guadagnavano fino a 300.000 rubli (£ 3.800; $ 5.300) al mese. I mercenari della Wagner possono arrivare a guadagnare 150mila rubli (oltre 2mila euro) al mese, cifra che può raddoppiare in caso di impegno trimestrale. Un comandante può guadagnare anche il triplo.

In caso di morte, una famiglia riceve meno di 50mila euro, una cifra consistente in Russia.

Pavel Felgenhauer, analista e redattore alla Novaya Gazeta, ha dichiarato ad Euronews che "*in Russia, c'è un enorme bacino di persone disposte a combattere. Fondamentalmente, veterani del Donbass, dove oggi non si combatte molto e non si viene pagati bene*". Alla Russia conviene averli al fronte in Libia piuttosto che in patria perché "*sono persone con esperienza di combattimento diretto, non sanno organizzarsi in un contesto di vita pacifica e possono rappresentare una minaccia politica*"[20].

Secondo Foreign Policy, il gruppo sarebbe in parte caduto in disgrazia a fronte di una vicenda ancora oggi poco chiara e avvenuta in Siria. L'episodio è emblematico di quella opacità che contraddistingue i rapporti tra Ministero della Difesa russo e Wagner. In quel frangente, alcuni uomini della Wagner avevano attaccato un impianto di gas nella provincia di Deir Ezzor, presidiato dalle forze speciali statunitensi. Gli Usa avvertirono la controparte russa ma questa negò di esser a conoscenza dell'avanzata degli uomini della Wagner e, di conseguenza, il Pentagono ordinò degli attacchi aerei che causarono pesantissime perdite alla Wagner (tra i 300 e i 600 morti).

Non sono chiare le ragioni per le quali Prigozhin azzardò, forse per accaparrarsi risorse energetiche, una simile tale che avrebbe potuto scatenare una escalation diretta con le forze armate statunitensi. Quel che è certo è che, all'indomani dell'accaduto, Prigozhin dovette chiarire alla cerchia degli assistenti del Cremlino che un simile errore non si sarebbe più ripetuto[21].

---

[20] Montalto Monella L. *Chi sono i mercenari russi del Wagner Group che combattono in Libia con Haftar*, Euronews, 18/12/2019.

[21] Reynolds N., *Putin's not – so – secret mercenaries: patronage, geopolitics, and the Wagner Group*, Carnegie July 2019

L'episodio, mai pienamente confermato da Mosca, oltre ad acuire le tensioni tra la Wagner e il Ministero della Difesa russo, sembra avere segnato un parziale declino dell'azienda che avrebbe cercato nuove opportunità e spazi in Africa nell'addestramento di milizie locali e con appalti per la sicurezza privata[22].

Il dispiegamento della Wagner in Africa, prima dell'intervento in Libia, era caratterizzato dallo svolgimento di attività di training e supporto ai regimi amici, piuttosto che ai compiti di puro combattimento adottati in Ucraina e alla Siria. L'ingresso della Wagner in Africa ha consentito a Mosca di colmare, attraverso accordi politici, economici e di sicurezza, il parziale vuoto lasciato dagli Stati Uniti e dai paesi occidentali. Al riguardo, la Russia si sta affermando come il principale venditore di armi in Africa, con il 49% delle armi fornite del Nord Africa, il 28% nell'Africa sub-sahariana tra il 2014 e il 2018 e con sempre più stati africani alle prese con le insurrezioni che richiedono armi russe[23].

Con operazioni sospette o dimostrate in ben 30 paesi in 4 continenti e un modello operativo sempre più raffinato e adattabile, è probabile che le PMC svolgano un ruolo significativo nella concorrenza strategica russa nel prossimo futuro[24]. Tuttavia, i guadagni strategici di Mosca fino ad oggi derivanti dal dispiegamento della Wagner in Sudan e nella Repubblica centrafricana non sono così evidenti. Il Cremlino potrebbe aver guadagnato influenza in località remote a un prezzo relativamente basso, ma è probabile che le sue opportunità in Africa siano piuttosto scarse se messe a confronto con le capacità messe in campo dalla Cina attraverso accordi commerciali ed infrastrutturali. Infine non è affatto chiaro cosa Mosca voglia ottenere a lungo termine dallo stabilire queste relazioni, al di là di piantare la sua bandiera nel cuore dell'Africa e di occupare in modo anche rapido gli spazi lasciati da altri attori.

[22] Hauer N., *The Rise and Fall of a Russian Mercenary Army*, Foreign Policy, 6 ottobre 2019.
[23] Ramani S., *Russia Takes its Syrian Model of Counterinsurgency to Africa*, RUSI, 9 September 2020.
[24] Katz B., Jones S. G., Doxsee C., Harrington N., *The Expansion of Russian Private Military Companies*, Center for Strategic and International Studies, September 2020.

Tali azioni, a lungo andare, potrebbero non rafforzare la posizione nazionale e internazionale del Presidente Putin.

Il caso della Wagner in Libia

Attraverso il suo dispiegamento di PMC in Libia, la Russia sta esercitando una nuova variante della guerra ibrida, che si concentra sulla costruzione dell'influenza diplomatica, piuttosto che consentire a qualsiasi singola fazione di ottenere una vittoria militare decisiva. Le motivazioni dell'intervento russo in Libia possono trovarsi sia nel desiderio di riscatto rispetto a ciò che avvenne nel 2011 con il mancato veto alla risoluzione 1973 del Consiglio di Sicurezza dell'Onu che impose una no-fly zone alla Libia interpreta in modo piuttosto attivo da parte dei paesi occidentali e dalla necessità di conquistare un ruolo di primo piano secondo il principio in base al quale "Mosca debba avere un ruolo in tutte le crisi"[25].

La crisi del 2011 inoltre costò alla Russia circa 4 miliardi di dollari in contratti di armi e altri accordi con la Libia di Gheddafi[26]. In Libia, la Russia sostiene principalmente Haftar, mantiene un dialogo anche con il suo alleato rivale Aguila Saleh, controlla Saif al-Islam Gheddafi e, ufficialmente sostiene il governo di accordo nazionale riconosciuto dalle Nazioni Unite (GNA). Questa politica del "parlare con tutti" riflette le differenti visioni tra ministeri degli Esteri e della Difesa. Il primo deve preservare interessi geopolitici più ampi, primo tra tutti il rapporto con Turchia ed Egitto, mentre il secondo persegue interessi militari e commerciali ed ha una gamma ristretta di interlocutori. Non da ultimo la Russia e il suo ministro degli Esteri Sergej Lavrov non possono lavorare apertamente contro l'azione dell'Onu. Secondo Claudio Bertolotti del Centro Militare di Studi Strategici (Ce.Mi.S.S.) "*la Russia guarda con estrema attenzione al futuro della Libia perché la considera strumentale al perseguimento dei propri interessi nazionali. Interessi che includono principalmente i vantaggi economici del cosiddetto commercio di "guns for oil" (armi in cambio di petrolio), i*

[25] Lovotti C. e Varvelli A., *Wagner nel deserto: che cosa cercano i russi in Cirenaica,* Limes, 3/03/2021.
[26] Borshchvskaya A., *After Syria, Putin's next move could be Libya*, The Hill, 13/02/2017.

contratti governativi, il potere contrattuale nei confronti dell'Unione Europea, l'accesso ai porti nel Mediterraneo, il contrasto alle minacce del terrorismo islamico. Funzionari del governo russo hanno incontrato vari omologhi libici – a Tobrouk come a Tripoli – per creare le basi a garanzia degli obiettivi di Mosca, indipendentemente da chi vincerà lo scontro"[27].

Secondo un'analisi della ricercatrice Anna Borščevskaja del Washington Institute for Near East Policy, la Libia si è trasformata in un parco giochi per applicare la guerra per procura di Mosca nel Mediterraneo e diventarne il principale broker di potere. Storicamente, l'accesso attraverso i porti nei mari caldi e nello specifico, nel Mediterraneo orientale, è stato un obiettivo di notevole importanza per i governanti russi come parte del loro sforzo per rendere il paese un attore di "grande potenza" nella politica europea.

I porti libici di Tobruk e Darnah sarebbero utili per la marina russa logisticamente e geostrategicamente, specialmente in combinazione con il siriano Tartus. Sfruttare le ingenti risorse energetiche del paese sarebbe un altro traguardo importante per Putin che era intervenuto in sostegno di Haftar sin dal 2015, con l'invio di consiglieri militari, prefigurando in cambio concessioni portuali e accordi energetici[28].

In questa dinamica, le PMC russe sono utilizzate come strumenti per dare alla Russia una presenza geopolitica in Libia, senza che il loro coinvolgimento significhi la lealtà di Mosca a una particolare fazione[29]. Le stime del numero di combattenti Wagner schierati in Libia variano da 300 a 1.000 unità, secondo le stime dell'Onu[30], ma ciò che non varia è la valutazione ampiamente diffusa che siano lì per volere del governo russo, stiano coordinando le loro attività con altri militari russi dispiegati in Libia per sostenere le forze di Haftar e che probabilmente non siano intenzionati ad abbandonare il paese, come confermato dalla costruzione di fortificazioni

[27] Bertolotti C., Masherq, *Gran Maghreb, Egitto ed Israele*, Osservatorio Strategico Ce.Mi.S.S. 6/2019.
[28] Borshchevskaya A., *Russia's Growing Interests in Libya*, The Washington Institute for Near East Policy, 24/01/2020.
[29] Ramani S., *Russia's New Hybrid Warfare in Africa*, ISPI, 3 July 2020.
[30] *Wagner, shadowy Russian military group, 'fighting in Libya'*, BBC, 7 maggio 2020.

e reticolati che da Sirte alla base aerea di Al Jufra si estendono per ben 70 Km[31].

La maggior parte dei combattenti presenti in Libia sarebbero russi anche se vengono indicati alcuni elementi provenienti dalla Bielorussia, Moldavia, Serbia e Ucraina. Sempre secondo il report dell'Onu, la Wagner sarebbe presente in Libia dal 2018 ed avrebbe fornito sia supporto tecnico per veicoli militari sia partecipando attivamente ai combattimenti.

Di per sé, il dispiegamento di Wagner in Libia non ha dato una vera vittoria ad Haftar e all'Esercito nazionale libico (LNA), sebbene una crescente presenza in prima linea nella battaglia per Tripoli, iniziata nel settembre 2019, abbia contribuito a spostare l'ago della bilancia a favore di Haftar. Secondo un resoconto di Frederic Wehrey del Carnegie, il personale di Wagner ha contribuito a migliorare la precisione dell'artiglieria LNA e dei colpi di mortaio, permettendo così alle forze di Haftar di conseguire risultati senza precedenti, in termini di territorio conquistato.

Il ruolo della Wagner e delle sue capacità potrebbe esser stato decisivo nell'abbattimento di un drone americano e di un drone italiano nel 2019, inizialmente attribuito alle forze di Haftar. Lo stesso ambasciatore degli Stati Uniti in Libia, Richard Norland, definì la presenza russa come un "punto di svolta" e la conferma che stessero conseguendo un vantaggio strategico in Libia a basso rischio e con alti guadagni.

A seguito del maggiore coinvolgimento della Turchia a supporto del GNA, Mosca decise di inviare, lo scorso maggio, jet da combattimento in Libia da una base aerea controllata in Siria. Lo stesso generale dell'esercito degli Stati Uniti Stephen Townsend, comandante di AFRICOM, manifestò preoccupazione per il dispiegamento di jet militari russi nella base aera di Al Jufra, per sostenere la Wagner e il generale libico Khalifa Haftar nella lotta contro il Governo di Accordo Nazionale libico riconosciuto a livello internazionale (GNA). Tra maggio e luglio la Russia trasferiva almeno due tipi di equipaggiamento, tra cui jet da combattimento Mig-29A operativo

[31] Walsh N.P., *Foreign fighters were meant to leave Libya this week. A huge trench being dug by Russian-backed mercenaries indicates they plan to stay*, CNN, 22 January 2021.

presso la base aerea di Al Jufra e un aereo d'attacco supersonico Sukhoi SU-24, operativo dalle basi aeree di Al Jufra e Al Khadim. A questi equipaggiamenti si univano componenti corazzate a favore della compagnia di sicurezza privata russa "Wagner", che consente alla Russia di poter operare militarmente nell'area senza essere coinvolta sul piano formale, con ciò potendo negare o minimizzare qualunque coinvolgimento diretto o eventuali perdite russe in Libia[32]. In quella occasione il Comandante di AFRICOM, confermava il coinvolgimento diretto della Russia nel conflitto libico. Un coinvolgimento, ribadiva il Generale Townsend, negato per troppo tempo da Mosca[33].

Nel mese di luglio, il vicedirettore dell'intelligence di AFRICOM, Generale di brigata Gregory Hadfield, confermava come sulla base di altre immagini satellitari, continuasse a violare la Risoluzione 1970 (2011) sull'embargo delle armi, inviando in Libia sistemi di difesa aera SA – 22 e mezzi corazzati[34]. Affidandosi alle PMC, il Cremlino potrebbe, a bassi costi, ripristinare l'influenza russa in un paese ricco di petrolio e conseguire un vantaggio strategico nel Mediterraneo a spese degli Stati Uniti e dei loro alleati della NATO. La situazione sul campo rimane fluida e vede coinvolti, oltre alla Russia, anche altri attori esterni, quali Turchia ed Emirati Arabi Uniti che attraverso interventi diretti, PMC e proxy rendono sempre meno probabile qualsiasi soluzione politica duratura della crisi libica[35].

Nel dicembre 2021, inoltre, il Dipartimento della Difesa degli Stati Uniti ha evidenziato come gli Emirati Arabi Uniti avessero finanziato le attività della Wagner in Libia. Aspetto, quest'ultimo, che potrebbe avere ripercussioni anche sui rapporti tra Stati Uniti ed Emirati Arabi Uniti, nonché sugli accordi di forniture militari siglati dall'amministrazione Trump[36].

---

[32] Bertolotti C., *Libia: le ambizioni della Turchia. La competizione tra Ankara, Mosca e il Cairo nel settore Security Force Assistance (SFA),* Start InSight, 27/10/2020.
[33] Sanders IV L, Kersten K., *Russia expands war presence in Libya*, Deutsche Welle, 29/05/2020.
[34] *Russia, Wagner Group Continue Military Involvement in Libya*, U.S. DEPT of Defense, 24 luglio 2020.
[35] Stronski P., *Implausible Deniability: Russia's Private Military Companies*, Carnegie Endowment for International Peace, 2 giugno 2020,
[36] *Pentagon: UAE funds Russian mercenary group Wagner in Libya*, TRT WORLD, 1/12/2020.

PARTE TERZA

Raccomandazioni politiche

La presenza russa in Libia, se da un lato accresce la sua influenza nel contesto nordafricano e nel Mediterraneo, dall'altro rischia di ridurre al minimo la possibilità di collaborazione con gli attori occidentali nelle crisi del Mediterraneo come già accaduto in Siria.

La Libia è un altro dossier che segna il peggioramento della relazione già molto compromessa tra Russia ed Unione Europea, che ha più volte denunciato in sedi ufficiali la presenza militare della Russia e della Turchia, ribadendo che non esiste soluzione militare al conflitto. Inoltre, ai timori europei va aggiunta la nuova postura dell'amministrazione americana che guarda con preoccupazione ad una presenza permanente di Mosca in Libia che potrebbe concretizzarsi sia con una base navale a Sirte e una base aerea ad Al Jufra.

Due ipotesi che andrebbero ad accrescere da un lato le possibilità di proiezioni della forza della Russia e la stessa sicurezza della base aerea di Sigonella. Preoccupazioni peraltro condivise dal Generale Claudio Graziano, presidente del Comitato militare dell'Unione Europea che, in un'intervista rilasciata su la Repubblica, ha denunciato come "*attori statuali come Russia e Turchia che operano al di fuori del quadro delle relazioni internazionali, fuori dalla risoluzioni del Consiglio di Sicurezza dell'Onu, sono un problema*"[37].

Proprio lo scorso mese di marzo, l'Onu ha pubblicato un rapporto di 550 pagine in cui un gruppo di esperti ha documentato le molteplici violazione dell'embargo sulle armi in Libia.

Il report che copre un arco temporale che va dall'ottobre 2019 al gennaio 2021, evidenzia il trasferimento in Libia di droni, missili terra -aria, pezzi d'artiglieria, veicoli corazzati e il dispiegamento di mercenari da parte di Russia, Turchia, Egitto, Emirati Arabi Uniti e altri. Nel report, che è stato condiviso con il Consiglio di Sicurezza delle Nazioni Unite, le violazioni dell'embargo sono palesi e non curanti delle misure sanzionatorie[38].

---

[37] Nigro V., "*Turchia e Russia in Libia sono un problema. Europa ferma in passato, l'Italia può attivarsi*, la Repubblica 16 febbraio 2021

Il Washington Post ha ricostruito la rotta di un areo da cargo russo partito da Mosca lo scorso 7 dicembre, atterrato poche ore dopo nella base aerea russa in Siria di Khmeimim e ripartito dopo tre ore. L'aereo, in prossimità della Libia ha disattivato il suo segnale transponder e, poche ore dopo, un aereo corrispondente a quello scomparso, veniva avvistato su una pista di atterraggio a 70 miglia ad Est di Bengasi. Secondo fonti dell'intelligence libica, dozzine di combattenti della Wagner erano così giunte in Libia.

Quello del 7 dicembre è soltanto uno delle centinaia di voli russi e turchi che hanno dislocato uomini e mezzi in Libia. Secondo l'inchiesta del Washington Post, Mosca avrebbe organizzato ben 330 voli negli ultimi 18 mesi, mentre la Turchia circa 145 voli cargo nel 2020.

Un dato peraltro parziale a cui vanno aggiunti i trasferimenti di uomini e mezzi condotti anche dagli Emirati Arabi Uniti e che hanno contribuito alla cifra di circa 20.000 foreign fighters provenienti da Russia, Siria, Ciad, Turchia e Sudan, stimata dall'Onu, presenti in Libia. Inoltre, la Libia è divenuta, secondo un rapporto del febbraio 2020 delle Nazioni Unite, il "più grande teatro al mondo per la tecnologia dei droni", una conseguenza della corsa agli armamenti che gli Stati Uniti avevano scatenato in Iraq, Afghanistan, Pakistan, Yemen e Somalia e che ha visto sempre di più affermarsi il ricorso a droni turchi e cinesi. La presenza di forze straniere, in particolar modo della Turchia e della Russia, con le loro rispettive ambizioni in termini di quote di petrolio e gas, basi militari e influenza su qualsiasi governo futuro, inizia ad esser percepita con preoccupazione anche dagli stessi libici.

Se è vero che Russia e Turchia sono intervenute su richiesta delle due parti (GNA ed LNA), è altrettanto probabile che, qualora le loro ambizioni non dovessero esser soddisfatte, esse potrebbero agevolmente dividere in due il paese trasformando l'attuale linea del fronte in una divisione permanente[39]. Alla luce di questo scenario e di questi rapporti di forza è

[38] Ryan M., *U.N. slams "extensive, blatant" violations of Libya arms embargo*, The Washington Post, 17/03/2021.
[39] Miller G. Ryan M. Raghavan S. and Mekhennet S., *At the mercy of foreign powers,* The Washington Post, 27/02/2021.

essenziale che europei e Stati Uniti uniscano le forze per esercitare deterrenza nei confronti della Russia, marginalizzando il suo ruolo.

Stati Uniti ed Unione Europea dovrebbe fare pressioni su Russia e Turchia affinché lascino il paese e facciano disarmare le milizie.

Un simile percorso non potrà che non passare attraverso il sostegno al processo guidato dalle Nazioni Unite e al governo nominato a febbraio che dovrà condurre il paese alle elezioni previste per il 24 dicembre del 2021[40].

Inoltre, alla luce della nuova postura della presidenza Biden, risulterebbe essenziale rafforzare gli strumenti di coordinamento e scambio d'informazioni tra Nato e Ue nel Mediterraneo. Uno scambio informativo che renderebbe ancor più efficace l'azione dell'Operazione dell'Unione Europea EUNAVFOR MED IRINI e al contempo andrebbe a rafforzare la credibilità europea in una fase così cruciale del dossier libico.

[40] Lovotti C. e Varvelli A., *Wagner nel deserto: che cosa cercano i russi in Cirenaica*, Limes, 3/03/2021.

Bibliografia

AA.VV. (2020), *Russian private military companies,* Asymmetric Warfare Group, April 2020

Baylis J., Wirtz J.J. and Gray C.S. (2019), *Strategy in the contemporary World,* Oxford University Press 2019

Bertolotti C. (2019), *Analisi Strategica del 2019 – Mashreq, Gran Maghreb, Egitto e Israele,* Centro Militare di Studi Strategici Ce.Mi.S.S., Novembre 2019

Bertolotti C. (2021), *Libia in transizione – Guerra per procura, interessi divergenti, traffici illegali,* Start Insight 2021

Boroshchevskaya A. (2019), *Russian Private Military Companies: continuity and evolution of the model,* Foreign Policy Research Institute 2019

Clark M., (2020), *Russian hybrid warfare,* Institute for the Study of War, September 2020

Cristadoro N. (2018), *La dottrina Gerasimov e la filosofia della guerra non convenzionale nella strategia russa contemporanea,* Libellula 2018

Foradori P., Giacomello G. (2014), *Sicurezza globale – Le nuove minacce,* il Mulino 2014

Giacomello G., Badialetti G. (2016), *Manuale di studi strategici – Da Sun Tzu alle "guerre ibride",* Vita e pensiero 2016

Grieco J., Ikenberry G.J., Mastanduno M. (2017), *Introduzione alle relazioni internazionali – Domande fondamentali e prospettive contemporanee,* Utet Università 2017

Lasconjarias G. and Larsen J. A. (2015), *NATO's response to hybrid threats,* NATO Defense College, 2015

Perrin B. (2012), *Modern Warfare – Armed groups, private militaries, humanitarian organizations, and the law,* UBC Press 2012

Polat F. (2021), *US relations with Libya: what to expect from the Biden Administration?* TRT World Research Centre, 2 March 2021

Reynolds N. (2019), *Putin's not-so-secret mercenaries: patronage, geopolitics, and the Wagner Group,* Carnegie Endowment for International Peace, July 2019.

www.ingramcontent.com/pod-product-compliance
Ingram Content Group UK Ltd.
Pitfield, Milton Keynes, MK11 3LW, UK
UKHW022009190726
13853UKWH00004B/1836

9 788832 294057